À toi lecteur,

N'oublie pas que même les étoiles brillent en hiver, il y a toujours une lumière pour toi.

Bienvenue dans mon ciel.

Sarah

SOMMAIRE

LES ÉTOILES FILANTES

PHILHARMONIE D'ÉTOILES

Poèmes

Les étoiles d'encre - Sarah JOAN

Les pensées de la nuit

Je suis tombée amoureuse de toi,

Comme le soleil qui caresse la rosée du matin.

C'est beau, mais ça surprend toujours.

C'est juste une histoire d'olfaction et de lois.

Celles qui nous tiennent dans la vie et ses pourtours.

Ce que mon chat me murmure quand je dors

Un jour j'aurai ton âge et plus encore en une fraction de mois.

Une éternité pour moi.

Juste un temps pour toi.

Comment puis-je être né après toi,

Être plus jeune et plus vieux à la fois ?

J'aimerais devenir un humain pour rester avec toi

Et comprendre ce que tu ne vois pas :

Le basique.

Nino

Où vont nos âmes la nuit ?

Où vont nos âmes la nuit ?

Quand elles s'envolent en synergie,

Vers de nouveaux horizons

A en perdre la raison.

Où vont nos âmes ?

Lorsque la flamme

S'évapore

Entre l'aube et l'aurore.

Où vont nos âmes,

Quand les pensées

Claquent la porte de la rationalité ?

Où vont les malédictions quand elles sont levées ?

Qui sont les instigateurs de cette irrationalité ?

Irrationalité… Nationalité à qui appartient-on ?

Le voyage est nécessaire pour trouver les réponses aux questions.

Et si la vérité et l'amour valaient la peine d'être sauvés, jusqu'où iriez-vous ?

Les démons

Nous sommes deux, d'abord il y a Noir

Qui broie le désespoir.

Cynique, un peu trop réaliste sur la société,

Ou est-ce la réalité qui l'a juste désabusé ?

Puis il y a Blanc,

Aussi naïf qu'un enfant.

Blanc aime, vit et rêve.

Il croit en sa lumière sans trêve.

Mais Noir aime à lui rappeler qu'il n'est pas une

couleur.

Et que personne ne fera attention à sa chaleur.

Alors Blanc fait grise mine

Et se compare à Vert, Rouge et Bleu.

Il est unique et c'est ce qui le chagrine.

Il aimerait être comme eux,

Pour toucher les cieux.

Noir sait bien que Blanc est différent.

Son antipode sur lequel il veille jalousement.

Il l'entoure de spleen et de désillusions,

Mais pour Blanc, c'est la plus grande des
inspirations.

Ni tertiaires, ni secondaires, ils sont… primaires.

A eux deux l'impulsion de l'univers.

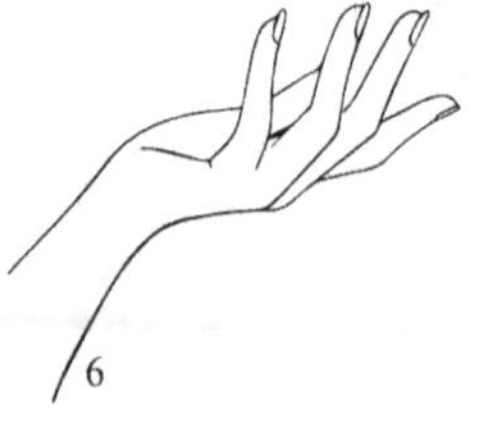

Les étoiles d'encre - Sarah JOAN

Rempli de courage, Blanc dit à Noir :

« Regarde mon ombre, tu n'es pas si sombre,

Il reste encore de l'espoir. »

C'est un combat sensuel,

Pour savoir qui aura le premier rôle,

Au-delà de l'enveloppe charnelle.

Voix d'un soir

Tu n'es plus ce que tu as été,

Tu es ce que tu es.

Et tu es ce que tu deviendras.

  Les étoiles d'encre - Sarah JOAN

Spleen mais pas idéal

Spleen mais pas idéal,

Je m'en vais sur les halles

Perchée sur mon scandale.

Mélancolie de Solal.

Toi, Nostalgie,

Ton nom est bien joli.

Toi mon drame qui me tient

Ou que je retiens.

J'ai besoin de toi pour me sentir spéciale.

Danser, vivre sans lois.

Perdue dans mes dédales.

Le point de chute de l'idylle

Je te sens fébrile.

Tu souffles.

Au point de chute de l'idylle,

Je m'essoufle.

Ma pause

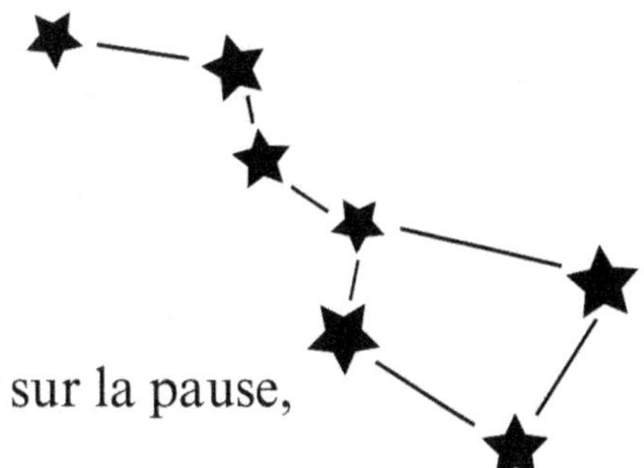

Je voudrais me balader sur la pause,

Jouer de notre prose,

Rester en osmose,

Je n'ai jamais assez de dose, pause.

Laisse-nous là dans un petit univers,

Je ne voudrais jamais que ça bouge, jamais

d'hier.

Tu es mon rêve,

Je ne veux pas de trêve.

Pause.

J'entends mieux depuis que j'écoute.

Tu fais taire mes doutes.

Prier les étoiles en août,

Qu'on voulait enfin lier nos routes.

Je respire mieux depuis que tu m'inspires.

Ce soir-là, la foudre est tombée sur mon empire.

Pourtant, il n'y avait pas d'orages,

Juste un départ pour notre voyage.

Les étoiles d'encre - Sarah JOAN

Pensée à Chloé

Il y a l'amour d'une relation, l'amour familial

Et l'amour amical.

Pas celui que l'on vous impose

Ni de ceux qui vous prose,

Mais celui que l'on choisit et que l'on construit.

Voilà ce qu'est, pour moi, l'amitié.

Immuable et vraie.

Il parait que l'on se ressemble,

On nous confond lorsque l'on est ensemble.

C'est peut-être tout simplement que nous

sommes des âmes sœurs

Et que cela se voit par delà le cœur.

Solitude Sociale

Le silence de mon âme au coeur d'une foule ivre.

En manque d'écoute, ces gens me font me sentir

encore plus seule.

La solitude, elle, me livre

le bruit incessant de mes pensées enfermées dans

un linceul.

Fragile vraie voix.

On se rejoint dans nos rêves

On se rejoint dans nos rêves,

Là où notre amour n'aura point de trêve,

Là où il n'y aura pas de pardon,

plus que de raison.

Là où l'on sera toujours marié dans l'univers,

pour ne plus vivre un enfer.

On se rejoint dans nos rêves,

car entre les ruines de nos vies passées,

là où l'on s'est excusé,

je sais que tu reviendras,

que l'on renaîtra.

Violence Banalisée

C'est juste des égratignures,

Des petites éraflures.

Tu ne vas pas pleurer pour quelques souillures.

Tu as l'œil un peu rouge,

C'est peut-être qu'il voulait que tu te bouges.

Tu as peut-être demandé à être frappée,

Dans le cadre de la sphère privée, compliqué à prouver.

Violence banalisée,

Où l'amour a pris congé.

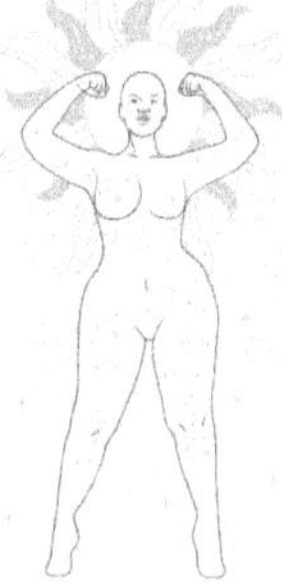

LES NOUVELLES ÉTOILES

Nouvelles

Les étoiles d'encre - Sarah JOAN

CAT POWER

Au cœur de la forêt de hêtres, figée par l'hiver, un étrange écho résonne. La bise fait craquer les branches mises à nues qui s'entrechoquent entre elles. La neige, quant à elle, absorbe la vie et l'écho de la canopée.

Silence.

Jamais il n'a fait aussi froid. Un froid poignant et saisissant, qui n'empêche pourtant pas la vie de subsister.

À l'abri sous un arbre déraciné, quatre chatons, couleur jais, se blottissent les uns contre les autres. La mélodie de leur ronronnement fait vibrer les petits corps enlacés dans la mousse.

Parfois, les vibrisses s'agitent à la détection d'un nouveau mouvement. Les yeux s'ouvrent, les pattes s'étirent, mais rien. Ils se rendorment alors patiemment, en attendant le retour de leur mère, partie en chasse aux premières lueurs du jour.

Le soleil est désormais bien haut dans le ciel et pas une moustache à l'horizon. Pipo, le plus vif de la portée, torturé par la faim, décide de réveiller son frère et ses deux sœurs.

— Il faut qu'on aille chercher mère, miaule-t-il aux autres.

— J'ai bien trop peur de l'extérieur, braille Pâte Molle, le chaton le plus gras de la fratrie.

— Eh bien reste là ! crache leur sœur, Douce.

La jeune femelle se range du côté de Pipo en lui offrant un coup de tête affectueux.

— On pourrait se séparer et chercher chacun de notre côté ? propose Zoey, la petite dernière au poil angora.

« Sortir ou rester ?»

« Sortir. »

Les trois téméraires, Pipo, Zoey et Douce, avancent à pas feutrés en remontant le fossé pour contourner la souche qui les abrite depuis leur naissance. Ils ne sont encore jamais sortis de leur tanière. Ils gravissent péniblement la pente en enfonçant leurs griffes, encore fragiles, dans la poudreuse. Une fois dehors, le froid fait frémir leurs pattes. Les multiples odeurs, qui se présentent à eux en philharmonie, leur donnent le tournis. Les iris se plissent, peu habitués à une lumière aussi intense, renforcée par le manteau neigeux.

Le dehors... Ils avaient souvent entendu leur mère miauler à ce sujet, mais rien ne les préparaient à ça.

Arrivés au niveau de l'embouchure, ils s'arrêtent pétrifiés et peinent à se concentrer sur une unique source de bruit.

*« **Revenir en arrière ou avancer ?** »*

— Qu'est-ce que c'est ? feule Douce, inquiète, en indiquant de grandes formes droites qui les entourent.

— Je ne sais pas…, balbutie Zoey.

— Mère ne nous a jamais miaulé de ça, où alors je dormais, intime Pipo tout aussi surpris.

*« **Avancer.** »*

— Je vais voir, restez là ! s'exclame Zoey qui s'élance.

Ses coussinets s'enfoncent dans la neige. Celle-ci craque sous le poids du chaton qui disparaît, absorbé par l'épais manteau blanc. Sa couleur noire détonne et des flocons commencent à décorer ses moustaches. Elle hume l'air glacial et ces petites poussières d'étoiles givrées qui volent autour d'elle. Son poil se colle à sa peau humide.

Cela bouge sans être vivant, étonnant.

Curieuse, elle continue péniblement son chemin jusqu'à atteindre l'une de ses grandes tiges brunes fixées dans le sol.

Que c'est grand !

Elle se risque à sentir la surface, à la fois lisse et déstructurée du grand être végétal. Une odeur forte et tenue. Une odeur de bois et de sève, un peu comme dans leur tanière. Alors que les effluves lui rappellent brièvement le confort du terrier et sa chaleur, quelque chose remue vivement dans les fourrés. Zoey tressaute, prise d'un frisson qui lui hérisse le poil. Elle a soudain le sentiment d'être épiée depuis les buissons qui lui font face. Inquiète, elle se tapit contre la neige. Ses oreilles se rabattent vers l'avant.

« Fuir ou combattre ? »

« Fuir. »

Persuadée qu'un grand danger la guette, Zoey détale à travers la forêt. Le souffle haletant, de la bête qui la traque, se fait entendre. La petite chatte tente de jeter des coups d'œil à la volée sans perdre sa vitesse, mais elle ne discerne qu'une ombre noire.

Alors qu'elle distingue enfin son frère et sa sœur, cachés au niveau de la souche, ses pattes sont étrangement bloquées par une force inconnue. Celle-ci l'empêche de continuer sa course et son museau se heurte à une paroie transparente. Impuissante, Zoey miaule son désespoir pour alerter Pipo et Douce qui ne sont plus qu'à quelques pas. Mais sa voix semble éteinte par cette surface invisible. Enfermée. Elle ne peut ni avancer ni se faire entendre. Son frère et sa sœur ne perçoivent pas son désarroi. Le souffle court, Zoey tente de trouver une solution.

En vain. Son destin est déjà joué. Perdue.
L'ombre la dévore et elle disparaît sans qu'elle
puisse émettre la moindre défense.

***

Grelottants, collés l'un à l'autre, les deux
chatons attendent Zoey qui a disparu dans les
profondeurs de la forêt. Les étranges formes
droites sont encore là, partout, immenses et
n'ont pas bougé. Elles semblent murmurer sur
l'arrivée de Pipo et Douce, comme si depuis leur
haute sphère, elles connaissaient déjà la finalité
du jeu.

Pipo, fasciné, observe ses longs corps qui s'en
vont toucher le ciel. Les branches, secouées par
les bourrasques, paraissent revenir
inlassablement. Après un certain temps, les
mêmes oscillations et bruits se répètent.

« Rentrer au terrier ou avancer ? »

« Avancer. »

Les deux chatons décident finalement de se lancer. Ils ne cherchent plus seulement leur mère, mais également leur sœur. Sur le qui-vive, l'échine courbée par l'angoisse, ils progressent dans cet étrange environnement.

— Tu crois qu'ils nous regardent ? chuchote Douce en désignant les arbres. Tu as vu ? Ils ont plein de grandes pattes partout en haut !

— Oui, mais peut-être qu'ils sont gentils. Ils ne sont pas très bavards en tout cas et ne grondent pas qu'on soit là. Maman disait qu'on n'avait pas le droit d'aller sur le territoire d'un autre…

— Oui… Peut-être qu'on pourrait leur demander s'ils ont vu notre maman ?

— Allons déjà voir où est partie Zoey, miaule Pipo en s'élançant d'un bond.

Malheureusement, dans cette forêt blanche, tout se ressemble. Les deux chatons peinent à distinguer des formes familières et leurs voix sont absorbées par le blizzard. Ils ont beau appeler, seul un mystérieux écho les accompagne. Ils persévèrent dans leur recherche, toujours habités par ce sentiment d'inquiétude et la sensation d'être observés.

— La forêt s'arrête ici ! s'écrie soudain Douce.

Devant eux, une ligne a été tracée pour séparer la forêt enneigée d'une clairière printanière et chantante. D'un côté, le froid, la mort, le silence et une neige qui recouvre toutes les nuances du monde. De l'autre, la vie, du vert, des fleurs et des oiseaux qui dansent entre les rayons du soleil.

— On dirait que ce rocher sépare les deux forêts, indique Pipo du museau.

— Il y a une empreinte dessus, elle ressemble à celle sous nos griffes ! s'exclame Douce.

La petite chatte renifle, à son tour, la roche en se frottant contre elle pour y imprégner son odeur au cas où leur mère passerait par là.

— C'est le coussinet de notre mère ? Elle a certainement fait ça pour nous dire qu'elle était là, suppose-t-elle.

Captivée, la petite femelle se dresse sur ses pattes arrière pour poser son coussinet au centre de l'empreinte gravée dans la pierre. Avant même que Pipo ne puisse la contredire, une onde de choc secoue la forêt toute entière.

— Qu'est-ce que c'était ? feule Douce, la queue sous le ventre.

— Je ne sais pas ! s'enquiert Pipo en agitant ses moustaches.

— Je crois que nous sommes allés beaucoup trop loin dans nos recherches, reprend-il. C'est étrange ce changement d'environnement. On devrait faire demi-tour !

— Non ! Allons dans la clairière, notre mère est sûrement là-bas, suggère Douce, malgré ses craintes.

— Et Zoey ?

— Peut-être qu'elle y est aussi.

— J'ai un mauvais pressentiment, murmure Pipo en observant par-dessus son épaule la forêt enneigée.

Les flocons n'ont pas changé de taille et tombent sans cesse de la même manière. Il a toujours cette impression qu'on les observe et qu'on joue avec eux.

Quelque chose n'est pas naturel, cela ne peut être ainsi, pense-t-il.

Il ne connaît pas beaucoup le monde, il ne l'a même jamais vu auparavant, mais cela lui paraît faux. Simple ressenti ? Pourtant, il est convaincu que cette limite, aux beaux apparats, n'est pas ce qu'elle semble être.

À peine ont-ils franchi la bordure entre les deux forêts, qu'un minuscule bipède, paré d'un chapeau et de grandes bottes, se présente à eux.

— Bonjour, bonjour, étrangers ! Bienvenue dans la forêt de Brocéliande. Je suis Nasti. Que puis-je pour vous ? proclame-t-il, gaiement, en écartant les bras vers les deux chatons.

— Euh, c'est quoi ça ? grogne Douce en se penchant pour le renifler.

Elle fait un bond en arrière, lorsque l'intéressé se remet à parler en la pointant du doigt.

— Eh bien, je suis un lutin et je garde cette forêt pour m'assurer qu'aucun esprit mal intentionné n'y pénètre. Vous venez de la forêt blanche, si je ne m'abuse ? Ce qui fait de vous des âmes potentiellement à risque. Cet endroit n'est habité que par des bêtes sauvages et cauchemardesques.

— On a l'air si effrayant que ça ? ironise Pipo. Nous sommes seulement des chatons et nous recherchons notre maman ainsi que notre sœur. Tu les as vues ? Elles ont le même poil que nous, mais notre mère est bien plus grande...

— Peut-être bien que oui, peut-être bien que non les enfants... Pour continuer votre périple, il va falloir me prouver que vous êtes dignes de confiance en répondant à cette énigme : qu'est ce qui resplendit le jour, tombe un autre et renaît le suivant ?

Les deux chatons se jaugent, perplexes.

— Alors ? Résolvez l'énigme ou faites demi-tour.

« *Résoudre l'énigme ou faire demi-tour ? »*

— On n'a pas le temps de jouer ! crache Pipo en secouant frénétiquement sa queue.

Impatient, il saute par-dessus le lutin, pour continuer sa route à travers la forêt printanière. D'un bond, il fend l'air, avant que le nain ne dise quoi que ce soit. Pipo parvient de l'autre côté, sain et sauf. L'herbe verdoyante est douce sous ses pattes et les odeurs enchanteresses. Il inspire profondément en fermant ses paupières. La saveur de ce nouveau lieu n'est que de courte durée. Une force invisible s'empare de son corps sans qu'il puisse y résister. L'énergie le soulève pour le faire revenir sur ses pas. Il a l'impression de parcourir le même courant d'air qu'il a traversé lors de son saut, quelques secondes plus tôt.

     Les étoiles d'encre - Sarah JOAN

La pression magnétique s'apaise et le dépose devant le nain. Ce dernier ne semble ni surpris ni offusqué de la tentative ratée du chaton. Sa sœur non plus d'ailleurs.

— Résoudre l'énigme ou faire demi-tour, reprend le nain avec les mêmes expressions qu'auparavant, tout sourire en écartant les bras.

Pipo secoue la tête, étonné.

— Ni l'un, ni l'autre ! s'écrie le chat, énervé.

Il jette un œil à sa sœur, cherchant son soutien. La petite chatte ne réagit plus. Pipo lui donne un coup de tête pour la faire réagir, mais elle reste de marbre, les yeux fixés dans le vide.

— Qu'as-tu fait à ma sœur ? grogne-t-il en se tournant vers Nasti qui demeure d'humeur égale.

— Résoudre l'énigme ou faire demi-tour, enchaîne le lutin qui répète sa phrase en boucle.

Ne sachant que faire, le félin retente une esquive pour retourner dans la clairière et fuir ce Nasti. Malgré ses efforts, il est immédiatement ramené devant le nain qui lui rabâche sa question.

Le chat hurle, bute, recommence, lutte, en vain. À bout de souffle, sa vision sursaute et grésille. L'espace d'un instant, il croit apercevoir deux humains assis en face de lui. L'un d'entre eux, tient, entre ses mains, un étrange objet rehaussé d'un long fil noir. Ce fil transperce le ciel et relie directement Pipo à cet humain qui semble s'agacer.

***

— Qu'est-ce qui se passe avec le jeu ?

— Il y a un bug je crois, mec ! Mon personnage refuse d'avancer et d'obéir aux actions proposées.

— J'aurais mis "*feuilles*" pour l'énigme, pas toi ?

— Oui de mémoire, je crois que c'est ça !

— Mais alors qu'est-ce que je fais ? Regarde ! Le perso refuse de répondre à l'énigme, c'est pas croyable !

— C'est chelou ! On dirait que c'est lui qui décide… Je n'ai jamais vu ça ! Ça doit planter… On va éteindre et rallumer la console ! Débranche la PS5, c'est sur le côté du meuble. Je vais prendre une bière, tu en veux une ? lance le garçon, vêtu d'un simple jogging, en se dirigeant vers la cuisine.

La porte du frigo s'ouvre. Les récipients et bouteilles, qui s'y trouvent, s'entrechoquent dans une pluie de tintements aigus.

— De toute manière, la sauvegarde a été faite avec la patte de pierre, on n'aura pas perdu grand-chose, répond l'autre en se levant nonchalant vers la prise.

L'adolescent se penche, saisit le câble, puis lève les yeux vers l'écran. Ce qu'il croit voir le surprend. Son félin de personnage a les yeux rivés sur lui, jugeant celui qui lui vole son libre arbitre. Mais ce n'est qu'une mise en abyme à petite échelle.

La vraie question est : qui joue avec qui ?

CAPT LOVE

Je crois que j'ai entendu du bruit sous le lit.

Vraiment ?

Le parquet gronde à nouveau et fait résonner tout le sommier. J'ouvre un œil et me redresse. J'écoute. Rien. Je soupire, bien décidé à entamer ma nuit correctement et me blottis dans la douceur de mes couvertures. Le parquet se remet à vibrer. Je m'agrippe aux draps, me penche pour regarder sous ma couche et pouvoir me relever rapidement.

On ne sait jamais…

Vieux réflexe primitif, la nuit tous les chats sont gris et tous les démons au lit ! Le noir fait jaillir l'inconscient aux lueurs de l'interrupteur. Le mien s'allume mentalement à l'émanation soudaine d'un parfum que je n'avais jamais senti jusqu'alors. Le bruit a disparu, pas de sons ni de visions, seulement cette odeur.

Celle-ci se fait saveur et imprègne maintenant tout mon être. J'inspire ce qu'elle m'inspire, je me fais des films... Des images s'imposent, se faisant éclaboussures, à mes sens enchantés de revivre. L'essence se glisse dans mes poumons et m'enivre un peu plus. Derrière l'amas d'affaires, entreposées sous mon lit, dont les obscurs reliefs pourraient se confondre avec mes cauchemars d'enfant, je distingue une lumière rouge.

Est-ce la pupille de l'une de mes chimères ?

Je me lève, résolu à déceler la provenance de cet effluve ou de mes sornettes nocturnes. La lumière s'intensifie, je tends la main vers elle, et me saisit d'un... D'un capteur ? *Capt Love !*

Voilà que mes souvenirs d'amoureux transi me reviennent. J'avais souscrit, il y a deux ans, à cette application très en vogue.

Le concept, originaire des États-Unis, était devenu viral dans le monde entier en vous proposant de vous trouver l'amour en se basant sur la signature olfactive, propre à chaque individu, qui détiendrait, en elle, un code que seule votre âme sœur pourrait décrypter. L'entreprise s'appuyait sur des études scientifiques qui expliquaient que nous aurions perdu une partie de notre instinct animal et ses capacités, comme l'odorat. L'olfaction présenterait, sans fausses notes, qui nous sommes, au moment présent.

Curieux, j'y avais souscrit. C'était assez simple et surtout gratuit. Une fois que vous aviez téléchargé Capt Love, vous deviez seulement cocher "oui" sur l'utilisation totale de vos données. En échange de quoi, l'entreprise assurait de vous mettre en relation avec votre âme sœur.

Par la suite, j'avais reçu un kit où se trouvait cette énorme demi-sphère parée de petits trous et une antenne. La société faisait parvenir cet objet au domicile de chacun de ses nouveaux adeptes pour recevoir les données olfactives de l'individu. J'avais toujours eu un sérieux doute sur le fait que l'utilisation de cette data ne se cantonne qu'à l'odeur. On accepte d'être dupé au service des vertiges de l'amour…

Sans notifications de ma boîte noire, j'avais fini par oublier et me contenter de petites aventures sans lendemain. Mais aujourd'hui, je vais désormais connaître mon âme sœur.

Le boîtier entre les mains, un frisson me parcourt. L'odeur semble d'autant plus enivrante si près du but. Si près de la vérité, celle que l'on attend tous. Plus je m'approche du petit écran, plus les effluves me saisissent à la gorge et au cœur.

Est-ce une femme ? Un homme ? Quel âge ? À quoi ressemble-t-il, t-elle ? A-t-elle reçu la notification avant moi ?

Mon cœur bat la chamade, tels les tambours d'une célébration, enfin la mienne ! *Parle-t-on la même langue ?* Le langage universel fera le reste, parfois un regard vaut tous les mots du monde ou les maux... Les miens sont ma solitude et ma torture d'un syndrome de l'abandon que j'aurais envie de conjuguer au singulier. Au singulier, à travers toi dont je m'apprête à découvrir l'identité. J'appuie sur l'écran. Je patiente, un éclair puis la nuit !

Choc. Le visage de ma destinée apparaît. Un homme, peau caramel et yeux foncés. Il a le même âge que moi. Déception, les similitudes ne s'arrêtent pas là... Ce n'est pas le fait que ce soit un homme, et que j'en sois un également, qui me dérange...

C'est plutôt de me retrouver face à mon reflet. Cet homme a le même nom et prénom que moi. Nael Staifi. Il a la même photo, le plus beau selfie que j'avais envoyé à l'époque. C'est ma personne sur cette foutue photo, dans cette foutue boîte noire ! Il y a dû y avoir un bug dans la matrice. Personne n'est fait pour moi ? Mon âme sœur ne doit sûrement pas compter sur le marketing sensoriel, pour des expériences faussement sensationnelles.

Ivre de vie, mais pas encore assez saoulé pour qu'un détail m'échappe... L'adresse !

La localisation n'est pas la même que la mienne. Si cela était dû à un bug, les coordonnées géographiques seraient les mêmes... Je vis dans le sud de la France, tandis que ce prétendu profil vivrait à New York, dans le Queen au 89 Springfield Blvd.

Une brève recherche sur Map me confirme l'existence de cet endroit. Je me mets à arpenter les réseaux sociaux à l'aide des coordonnées et mon nom. Rien... À part sur LinkedIn, où un certain Nael Staifi serait IT consultant pour la société... Capt Love !

Nul besoin de cliquer sur son profil pour y reconnaître mon faciès. Je veux bien avoir des homonymes, mais avoir un double de ma personne qui travaille pour un service auquel j'ai souscrit... Ce n'est pas normal ! Quelqu'un utilise mon identité dans cette société ! À quelles fins ?

Les clés en main et les questions en tête, il m'en faut peu pour me décider. Pas de travail, ni d'impératif... Allons rencontrer cet autre moi, qui semble plus à l'aise à porter mon identité que d'assumer la sienne. Et c'est pour ça que je pars à New York.

LIGHT ON

Lisa est protégée par un ange gardien. Elle en est convaincue. Depuis son arrivée à Nancy pour ses études supérieures à la fac de lettres, tout roule. Beaucoup trop même. Au point où elle se demande si elle n'a pas changé de dimension. Le moindre de ses souhaits s'exauce comme par miracle. Sur Tik Tok on parle beaucoup de la loi de l'attraction, de spiritualité et de guide. *Peut-être que c'est ça, qui sait ?*

Allongée nonchalamment sur son lit, une mèche de cheveux au bout de ses doigts, la jeune fille est au téléphone avec sa meilleure amie, Loane, partie étudier à Paris.

— Je te jure ! J'ai fait une soirée chez moi avec quelques copains et on s'est mis à parler de la deuxième guerre mondiale, Hitler, machin… Et j'ai dit que je serais curieuse de lire *Mein Kampf.*

— Il est introuvable ! Pourquoi tu veux lire un truc pareil ?

— Non il est légal et vendu depuis 2016 apparemment ! Et je trouve ça intéressant de savoir comment pouvait penser Hitler et pourquoi il a agi ainsi…

— C'était un fou ! vocifère Loane. On n'aurait même pas dû lui donner la parole !

Lisa se lève, cale son portable contre son oreille, et part arrêter le micro-onde à quelques pas de son lit. En repartant, elle se cogne le coude contre sa penderie. Elle lâche un « argh » en se tenant le bras tandis que son portable s'éclate sur le parquet en rebondissant.

Lisa s'agenouille en priant que celui-ci ne soit pas cassé. Par miracle l'objet est intact, mais un joli bleu colore à présent sa peau.

— Lisa ? demande son amie, restée en ligne.

— Excuse-moi, ma poule, s'empresse Lisa en collant le téléphone à son oreille. J'ai fait tomber mon phone…

— Ah mince ! Tu disais ?

— Ouais euh… Hitler, son bouquin. Je ne comptais pas l'acheter ni rien, mais figure-toi que quelques jours plus tard j'ai reçu un colis Amazon et le livre était dedans.

— Quoi ?

— Je te jure !

— Mais c'est impossible ! Comment ? Qui ? Un de tes potes ? Un voisin ?

— Je n'en sais rien. Non les potes avec qui j'en ai parlé avaient oublié la presque totalité de la soirée. Puis, mes voisins sont bien trop âgés pour entendre quoi que ce soit…

— Tu n'avais pas un nom d'expéditeur sur le paquet ?

— Rien ! Mais je te promets que je suis sûre qu'il y a un esprit dans cet appart. Un ange ou quelque chose du genre... Depuis que j'ai emménagé, il ne m'arrive que des trucs de fous !

— N'hésite pas à lui dire de s'intéresser à moi hein, ricane Loane. Tu fais quoi ce soir sinon ?

— Je sors, quelle question ! répond Lisa d'un ton taquin en se précipitant dans la salle de bain. Je dois juste trouver de la beuh. Et toi ?

Lisa met la conversation en haut-parleur, dépose le téléphone sur le lavabo et s'observe un instant dans le miroir. Elle a bonne mine. Son teint de porcelaine contraste avec ses yeux bleus et est encadré par une chevelure fraîchement décolorée.

— Tu fumes encore ? On avait dit qu'on arrêtait ensemble après la term ! Moi je n'ai jamais repris, sermonne son amie.

— Oupssiii, laisse échapper Lisa en se déshabillant.

L'ampoule tressaute un instant. Lisa fronce les sourcils de peur de devoir la changer et se détend lorsque la lumière revient à la normale.

— Moi j'ai rencontré un gars à mon école sinon…

— What ? Mais raconte ! coupe Lisa, surexcitée.

Pendant que son amie lui évoque ses péripéties amoureuses, Lisa se change plusieurs fois devant le miroir, jugeant quel jean met le plus en valeur ses fessiers et quel décolleté est assez joli sans être vulgaire. Elle trouve son bonheur avec un Levis, une paire de Jordan et un crop top Bershka qui souligne sa taille fine. Elle se sourit à elle-même, satisfaite et lève les yeux vers le plafond dont les lumières grésillent à nouveau.

Elle esquisse un léger sourire, cligne de l'œil, puis repart.

— Je ne vais pas tarder à te laisser, glisse Lisa en s'emparant de son sac à main.

— Ça marche, ma belle, ça m'a fait plaisir. Tu me raconteras ta soirée, fais attention.

— Yes et toi aussi avec ce garçon, comment il s'appelle déjà ? demande Lisa.

— Léo !

Mais Lisa n'entend qu'à peine la réponse de son amie et pousse un cri d'étonnement en sentant quelque chose de mou sous sa chaussure lorsqu'elle franchit le seuil de son entrée.

— Ça va ? s'inquiète Loane.

— Oh mon Dieu ! s'exclame Lisa en ramassant un petit sachet du bout des doigts.

— Qu'est-ce qui se passe ?

— Tu ne me croiras jamais !

— Quoi ?

— Il y a un sachet de beuh sur mon paillasson.

— Mais non ?

— Si ! Je te jure, attends, je t'appelle en face time.

Les deux jeunes femmes apparaissent l'une en face de l'autre par écrans interposés. Lisa lève fièrement le sachet rempli de boulettes verdâtres.

— C'est dommage qu'on ne puisse pas s'envoyer les odeurs, s'extasie Lisa en ouvrant le sachet sous son nez.

— Mais attends ce n'est pas à toi, c'est peut-être à un de tes voisins.

Lisa fait tourner le téléphone sur le couloir plongé dans la pénombre.

— Quel voisin ? demande-t-elle en pressant l'interrupteur.

L'appartement de Lisa est un studio aménagé au rez-de-chaussée d'une grande maison.

— Mais ce n'est pas possible ! souffle son amie, incrédule.

— Je te l'avais dit ! Plein de choses se réalisent sans que je ne fasse rien.

— Je suis choquée, balbutie son amie.

— Et ce n'est pas tout, il y a un petit carton, dit Lisa en arrachant l'emballage.

Son cœur bat au rythme de ses mains qui tirent sur le colis pour laisser entrevoir un tube. Un tube d'arnica.

— C'est quoi ? s'enquiert Loane.

Lisa s'esclaffe, interdite.

— De la crème pour les bleus, mais ce n'est pas possible, je me suis cognée tout à l'heure !

— C'est bizarre ton histoire, ma belle.

— Je ne sais pas trop, bredouille Lisa en glissant les petits cadeaux dans son sac. Bon écoute, je dois vraiment te laisser, mais on se rappelle vite, ok ?

Quelques minutes plus tard, Lisa raccroche et s'en va, d'un pas enjoué, rejoindre ses amis Place Stanislas.

***

L'appartement de Lisa est vide et plongé dans la pénombre. Assis dans son fauteuil, Josh observe depuis son écran les deux petites pièces du studio pour s'assurer qu'elle est bien partie.

Partie, elle est partie.

Il soupire, déçu, et jette un coup d'œil à ses autres sujets. Il fait défiler les vidéos des caméras de surveillance une à une.

Des appartements ou encore des maisons à la décoration et superficie différentes se déclinent. Les caméras sont glissées dans les ampoules des habitations, donnant un accès à la totalité de ce que font les occupants lorsqu'ils sont chez eux.

Cela fait deux ans que Josh exerce ce métier. Il a été recruté de manière hasardeuse alors qu'il s'évertuait à chercher un emploi dans l'informatique.

Petit, il souhaitait devenir agent secret ou espion. L'entreprise *Light On*, située dans le Tenessee, lui a donné sa chance. Après avoir signé une charte de confidentialité, Josh a découvert que, depuis plus d'une dizaine d'années, des caméras sont glissées dans la plupart des ampoules du monde entier lors de leur construction.

Des partenariats sont alors signés avec les constructeurs et cela permet à Light On de vendre des données à la fois aux fabricants d'ampoules sur la durabilité de leurs produits, mais également aux gouvernements qui s'arrachent ces informations pour contrôler les masses ou déceler des trafics illégaux.

 Son emploi est particulier, fastidieux et répétitif, puisque Josh passe plus de huit heures par jour assis dans un fauteuil, casque vissé sur les oreilles. Il écoute et observe à la fois des individus lambda qui pourraient très bien être sa cousine ou son voisin. La plupart du temps, *les observés* sont banals et ennuyants. Pourtant, l'entreprise *Light On* se targue, auprès de son personnel, que son activité a permis de démanteler des trafics de drogues ou encore des projets d'attentats.

À cette idée, Josh se sent utile et un peu moins honteux de surveiller les gens dans leur vie privée. Light On n'embauche pas moins d'une centaine de salariés au sein de ses bureaux en échange d'un salaire très avantageux et d'un vœu de silence.

Josh se doute qu'il doit y avoir d'autres bureaux implantés ailleurs ou des entreprises concurrentes. Depuis qu'il fait ce métier, il essaie de passer le moins de temps possible chez lui. Juste dormir et se laver. Il sait qu'il est, lui aussi, épié. Il connaît maintenant la manière dont les faits et gestes peuvent être analysés : discussions, lectures, films... Tout y passe ! Le moindre doute sur une personne doit être notifié grâce à un outil de reporting. *Les observés* sont divisés par catégories : normal, inquiétant, dangereux.

Lisa, la jeune française, est classée dans la catégorie ''normale''. Bien que ses lectures ou ses penchants pour la drogue puissent lui valoir la place ''inquiétante'', mais Josh a occulté ce détail. Car c'est lui qui remplit la grille de ses *observés*. Lorsqu'on lui a confié le profil de Lisa, il a été subjugué par ses longs cheveux blonds, son grand sourire et son corps... Josh a plusieurs fois ressenti des pulsions en imaginant ses mains sur les seins de Lisa.

Elle est si parfaite, si belle, si délicate…

Mais il ne la rencontrera jamais. Même s'il comprend parfaitement le français grâce à une mère native de l'hexagone, Josh vit à des milliers de kilomètres de la jeune femme et il est interdit de rentrer en contact avec *les observés*. Les caméras dans les ampoules sont un secret de polichinelle.

Josh, tout comme les autres employés, est grassement payé pour converser le silence à ce sujet. Il observe Lisa depuis maintenant six mois dans le cadre de son travail, mais désormais c'est plus que ça pour lui. Il connaît tout d'elle, ses goûts, sa couleur préférée, le nom de ses meilleurs amis, de ses anciens petits copains et les voyages qu'elle a fait. Tout, jusqu'à la couleur des sous-vêtements qu'elle enfile chaque matin. Outre que de passer son temps à l'épier, plus qu'il ne le devrait, Josh a également réalisé de nombreuses recherches sur Lisa. Il s'est aussi mis à la suivre sur tous ses réseaux sociaux. De cette façon, il peut garder un œil sur elle. C'est sa façon à lui d'être toujours là, même si elle ne le saura jamais.

 Il reste l'ombre dans son sillage. Il peut la voir, l'écouter sans lui parler ni la toucher.

La seule chose qu'il peut faire pour elle, c'est lui livrer tout ce dont elle a besoin. Mais il ne restera à jamais qu'une ombre dans sa vie et cela le désespère. Car, au-delà d'une apparence à faire frémir n'importe quel homme, Lisa possède un tempérament doux et attachant. Elle est intelligente et a des réflexions dignes d'intérêt. Lorsqu'elle a peur ou qu'elle pleure, Josh aimerait être là pour l'enlacer et la réconforter. Il s'imagine vivre avec elle… l'embrasser, lui faire l'amour, mais il ouvre les yeux et sa réalité le rattrape.

Il ne peut en parler à personne, car son travail veille au grain et on le prendrait pour un fou. Pourtant, il n'a que Lisa en tête. Josh s'est promis d'aller un jour à Nancy pour croiser la jeune femme et provoquer une rencontre "fortuite".

Il prépare ses discours, la manière dont il pourrait l'aborder... Ce sera facile pour lui, car il sait tout d'elle, ce qu'elle aime ou non, ses projets... Il a prévu de réserver pour juin, c'est la période d'examen de Lisa, donc logiquement l'essentiel de ses trajets se concentrera entre son domicile et sa fac. Cette idée et les plans qu'il se fait l'habitent jour et nuit. Sur le chemin du travail, normalement si monotone, il sautille presque de joie. Lisa ne le sait pas, mais elle va bientôt rencontrer son ange gardien.

Pourtant, en arrivant ce matin-là à son bureau, quelque chose cloche. Il passe les différentes caméras de ses *observés* avant de se concentrer sur celles de l'appartement de Lisa. Elle n'est pas là. Il consulte l'heure de Paris : 09 : 30 am, Sunday.

Elle n'est peut-être pas encore rentrée de sa soirée ou elle a peut-être dormi chez une amie ?

Un détail arrête cependant l'attention de Josh, l'état de l'appartement. Des affaires renversées, un verre brisé. Quand Lisa est partie, tout était rangé et, de ce qu'il a retenu, elle est plutôt ordonnée. Il oriente les caméras différemment pour découvrir le même scénario dans plusieurs angles du studio. *Que s'est-il passé ? Serait-elle rentrée ivre ?*

Josh cherche encore. Elle n'est pas là, ni dans la douche ou sur les toilettes. Rien. Jusqu'au moment où il aperçoit une feuille de papier par terre au milieu du capharnaüm. Quelque chose est écrit en grosses lettres au feutre noir. Il zoome au maximum et éclaircit l'image pixélisée. Les mots deviennent clairs : HELP ME !

Josh recule brusquement et laisse échapper un cri de stupéfaction. Sous son impulsion, son fauteuil roule de quelques mètres. Ses collègues se détournent un instant de leur besogne en le jaugeant étrangement derrière leurs épaisses lunettes.

— It's ok, les rassure Josh en se réavançant vers son poste.

Une goutte de sueur se forme sur son front et il sent son cœur battre.

Que s'est-il passé ? Que signifie ce mot ?

L'inscription est en anglais. Si elle n'est pas adressée à Josh, *à qui cela peut-il être ? Comment Lisa peut-elle savoir que Josh l'observe ? Est-ce un coup des malfaiteurs ?*

Dans les jours qui suivent, les questions et l'anxiété de Josh ne font que grandir.

Il va au travail la boule au ventre et repart déçu lorsqu'il se rend compte que Lisa n'est toujours pas revenue. Il sent le regard intrigué de ses collègues et de ses supérieurs par-dessus son épaule, ou n'est-ce que son imagination ?

Un soir, alors que tout le monde a presque quitté son bureau, il décide de contourner les règles de sécurité et visionne les images du soir où Lisa a disparu. Il a besoin de réponses et ce qu'il découvre le terrifie.

Lisa rentre chez elle. Avant qu'elle ne ferme la porte, un homme s'engouffre dans son appartement, suivi d'un second. Lisa se débat, arrachant les couvertures, les cahiers et les bibelots. Un verre se brise. Tout va très vite. Les deux hommes enferment Lisa dans son propre appartement pour une raison inconnue durant une minute.

Pendant ce temps, la jeune femme se redresse péniblement, se saisit d'une feuille de papier sur son bureau où elle écrit dans la précipitation : *help me.* Elle tente d'afficher la feuille sur sa fenêtre, sûrement pour alerter ses voisins, mais les deux hommes reviennent. Ils s'emparent de la jeune femme avant de l'emmener hors de l'appartement. La feuille tombe dans le vide, en voletant de gauche à droite, avant de venir se poser sur le parquet.

Josh déglutit, choqué. Il pourrait montrer ses images à la police, *mais qu'est-ce que les flics du Tennessee ont à faire d'une Française ?*

Rien.

Il devrait alerter les autorités françaises, mais cela mettrait en péril son emploi. Car comment expliquer qu'il observe Lisa et connaît tout d'elle depuis plusieurs mois ?

Il est bloqué.

Il cogite ainsi un moment. Le fait que la vie de Lisa soit en péril ne lui sort pas de la tête. Il doit agir et vite ! Avant de partir du bureau, il demande à son supérieur des jours de congé pour le lendemain jusqu'à la semaine qui suit. Étonnamment, celui-ci accepte sans grande négociation. Josh réserve des billets d'avion pour partir dans les heures qui suivent. Tant pis si cela lui coûte le montant de son loyer. Rien n'est trop beau pour Lisa.

Il effectue un vol direct sans encombre jusqu'à Paris. Il découvre l'originalité et la petitesse des transports franciliens lorsqu'il prend le train jusqu'à la ville de Nancy. Après plus de vingt heures de voyage, il débarque enfin dans la ville du duché de Lorraine.

Josh est surpris par le manque de courtoisie des Français et leur impatience que ce soit pour traverser au passage piéton ou lorsqu'il s'agit de faire la queue.

Le jeune homme est épuisé, mais il sait que le temps lui est compté. L'adrénaline le tient en éveil et il parvient sans encombre jusqu'à l'appartement de Lisa. Le studio se trouve au rez-de-chaussée d'une maison mitoyenne au cœur d'une rue résidentielle. Il s'introduit facilement dans le couloir commun et reconnaît l'entrée. La porte de l'appartement de Lisa demeure close. Il frappe à la porte, sonne plusieurs fois, mais rien ne se produit.

Alertée par le bruit, une voisine, d'un certain âge, vient à sa rencontre. Bien qu'il possède un fort accent, Josh parvient à se faire comprendre et lui explique qu'il recherche Lisa.

Il invente qu'il est l'un de ses amis, son ancien correspondant américain pour être exact, et qu'il s'inquiète de ne pas avoir de ses nouvelles. La vieille dame plisse les yeux et l'écoute attentivement en hochant la tête avant de lui sourire. Un chandail rose serre sa taille et une croix en or orne son chemisier blanc. Josh a l'intuition qu'elle sait quelque chose.

À force de passer son temps à observer les gens, il est devenu perspicace dans le langage non verbal. La dame n'a en effet ni l'air surprise ou inquiète pour Lisa. Au contraire, elle semble plutôt satisfaite de la situation, comme si elle attendait Josh depuis un moment.

— Vous avez fait un long chemin, mon petit, puis-je vous inviter à boire un thé ?

Josh reste impassible devant l'invitation. Il ne s'attendait pas à une telle réponse. Il fronce les sourcils.

 Les étoiles d'encre - Sarah JOAN

La mamie soutient son regard et lui sourit à nouveau.

Qu'est-ce que je risque ? C'est une grand-mère, pense-t-il. *Eh puis, je suis fatigué du voyage, je peux me poser cinq minutes.*

Il finit par suivre la doyenne. Pour son âge, la femme semble tout de même en forme car elle franchit les escaliers sans difficulté. Arrivée en haut des marches, ses yeux pétillent.

Un peu trop même.

Elle scrute Josh du coin de l'œil avec un sourire malicieux. Elle invite Josh à rentrer chez elle. Après avoir passé le seuil de l'entrée, Josh s'arrête. Ce qu'il aperçoit le laisse sans voix.

Dans le salon, Lisa et ses deux ravisseurs sont confortablement assis dans des fauteuils d'un autre temps, une tasse à la main.

La jeune femme n'a pas l'air d'être bléssée ou d'être ici contre son grès, au contraire. Elle pose sa tasse doucement et lève les yeux vers Josh. Celui-ci ne bouge plus, son souffle est court et son cœur rate un battement. La petite cuillère émet un léger cliquetis contre la faïence, ce qui sort Josh de sa torpeur. Il cligne des yeux et essuie une goutte de sueur sur son front. Il tremble. Lisa hausse les sourcils, un sourire amusé se dessine sur ses lèvres.

Qu'est-ce que cela veut dire ?

— Installez-vous, Josh, l'invite la vieille femme en le pressant alors qu'il se retourne pour faire demi-tour.

— Mais ? Je…

Les deux hommes, habillés de noir, posent leur tasse sur la table en verre et jaugent le jeune Américain avec le même air satisfait que Lisa.

— Bonjour, Josh, bienvenue, déclare l'un d'entre eux en lui tendant la main.

Josh observe sa paume, incrédule.

— Vous avez réussi l'expérience, félicitations, lance Lisa.

Son timbre de voix est si sérieux et posé que Josh peine à reconnaître la jeune femme qu'il a observée. Son air mutin, insouciant et candide ont laissé place à une demoiselle sûre d'elle voire machiavélique.

— Quelle expérience ? déglutit-il.

— Celle de Light On Human, explique l'autre homme resté en retrait.

Il se lève et tourne autour de Josh en l'étudiant de bas en haut.

— Vous étiez vous-même surveillé, reprend-il. Le but consiste à étudier la potentialité d'attachement de nos employés envers *les observés* et jusqu'où certains d'entre eux sont prêts à aller en suivant cet instinct. Vous êtes arrivé au stade deux de l'expérience.

— C'est à partir de ce moment-là qu'on voit ceux qui en ont dans le ventre, ajoute Lisa avec un sourire.

— Notre but est de retenir l'attention de ceux qui nous observent pour les faire venir jusqu'à nous. Et sans attirer l'attention de quiconque, vous avez réussi à vous rendre ici en moins d'une journée.

— Félicitations, mon cher ange, débecte Lisa sur un ton acerbe.

Josh se pensait invincible. Il croyait tout savoir de la société de contrôle et d'analyse dans laquelle nous sommes, mais finalement il n'est qu'un *observé* parmi tant d'autres, manipulé à souhait par les grands de ce monde.

LES ÉTOILES FILANTES

Textes et réflexions.

Les étoiles d'encre - Sarah JOAN

Un jour en amour

Les doigts crochetés autour de son épais manteau, nous glissons à travers le vent sous le regard des arbres qui défilent au-dessus de nous. La route s'étale, grise et blanche, interminable, *vers où mène-t-elle ?*

Le vent fouette, l'air claque, ne masquant pourtant pas mes soupirs et mes pensées qui s'agitent. Je ne peux que rester là, à observer mon emprise autour de ce corps que je ne veux pas lâcher. *Si je le lâche, je meurs.*

À côté de nous, deux ombres entrelacées nous taraudent. Ce sont les nôtres. Elles s'évertuent à nous faire la cour... ou la course. Nos projections, ainsi que celle de l'objet vrombissant, nous accompagnent sur le macadam brillant sous le soleil.

Qui va plus vite ? L'ombre ou nos corps ?

Qu'importe, du moment que nos dimensions respectives restent accordées, je n'en serais pas plus malheureuse.

Je resserre mon étreinte, lorsque l'appareil fait une embardée par le mouvement pressé d'un simple roulement de poignet. La moto hurle et s'emballe. Mon cœur aussi.

Mon dos est tiré par une force externe, *l'attraction de ma masse ?* La vitesse et la gravité se disputent ma peine. *Qui gagnera le match ?*

Je reste cependant accrochée à la meilleure des gravités. La mienne. Celle qui me retient depuis maintenant presque sept cent trente jours de ma vie, l'amour.

Nos corps coulent, roulent simultanément dans le même angle, forcés par le poids de la moto en plein virage.

Ils s'emboîtent et s'accordent, comme s'ils ne faisaient qu'un. Nous sommes un, mais divisés en deux. Le jour où vous serez en amour, vous le saurez. L'amour n'est pas un état, ni un sentiment. On nous le fait croire, mais c'est une vaste arnaque. L'amour, tomber en amour, c'est lâcher prise et se laisser porter par le fil de la route. L'amour, c'est un sens profond qui se développe quand il est éveillé par le bon émetteur.

C'est un état de redécouverte, une reconnexion intense à soi et au monde. Une mission : ne faire qu'un, fusionner pour créer. L'amour est notre mission !

Fusionner, bouger ensemble.

S'accorder, accorder nos vibrations à celles du monde, comme sur cette moto, pour rouler ensemble sur le bon chemin. Un jour en amour.

Hypersensibilité

Tu es trop sensible, tu ne sais pas exprimer tes sentiments sans les briser en mille morceaux. Et tu fais pareil avec les sentiments des autres !

Carnet de voyage

Je l'aurais suivi au bout du monde, mais l'bout du monde c'est pas assez pour moi.

Le point G

Grand globe gâché, gangrené

Par nous garde-fous !

Gaulé à la gastronomie, aux globules, aux gaz,

aux génocides …

Ou galvanisé à la géolocalisation du point G !

Gifle gigantesque et glaciale de notre goinfrerie

gravée par notre gouvernement.

Gémissons grâce, d'être guidés comme des gueux.

Deux heures du matin

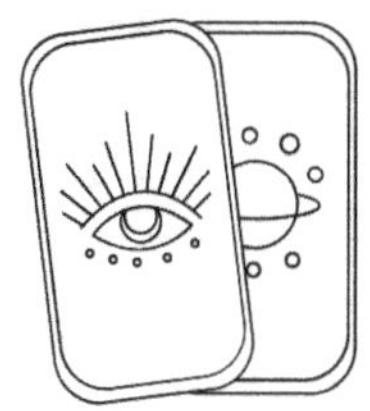

Deux heures du matin, l'heure à laquelle les ministres se couchent après avoir joué une partie de poker en cambriolant notre monde.

Deux heures du matin, l'heure à laquelle on est perdu à travers la nuit dans l'élixir, celui qui boit notre vie contre quelques minutes de bonheur, celui qui nous emmène, telle une boîte à musique, dans une nuit aussi douce que du cachemire.

Deux heures du matin, le moment où le sommeil devient inutile à l'aube d'une belle journée d'été annoncée comme un air d'opéra.

Deux heures du matin, l'instant où le rêveur passe du profond au paradoxal.

7 h du matin sonne ! Et vous ?

Un battement de cils

Qu'est-ce que l'amour ? Être heureuse ? Aimer et être aimé en retour ?

Je n'ai malheureusement pas encore acquis cela.

Il y a maintenant plus d'un an, j'ai croisé son regard. Comme sortie d'un rêve, il m'a marqué plus que les autres. Je lisais dans ses yeux la plaisance que je lui évoquais en un battement de cils. Ses longs et incroyables cils noirs derrière lesquels la vie s'annonçait tumultueuse mais passionnée.

Le parfum des regrets

Tout n'est qu'éphémère, même les plus beaux moments, que l'on désirait éternels, ne sont que des souvenirs. Profitons de ces instants purement jouissifs, car on ne pourra plus les revivre. Le temps envieux du bonheur nous assassinera.

Aimons-nous, aimons-nous sur les moments fugitifs du trajet de la vie.

Car sur le quai des regrets, où les adieux sont propices aux complaintes amoureuses, je sais qu'en te regardant t'éloigner au vent, malgré tous mes efforts pour ne pas te perdre, on se lassera, on se laissera et tu ne reviendras pas.

Trop tard

En partant, il plante ses yeux dans les miens.

Ces derniers hurlent à la place de ses lèvres muselées par des mots qui n'existent plus :

"Putain !

Pourquoi tu m'as quitté ?

Pourquoi ? Tu es dingue ?

Pourquoi avoir tout pété comme ça ?

C'est trop tard, maintenant, trop tard. "

Trop tard.

La phrase résonne dans ma tête au rythme de mes pas qui sonnent le glas.

Mais ne t'inquiète pas, même les étoiles brillent en hiver, il ne partira pas de ta vie totalement, chuchote mon intuition.

Danser la Javanaise

Attendre autant de temps, et pour quoi faire ?

Que vivre sans dessein ? Le présent en retard des heures que j'ai perdues sans toi ?

Et me retrouver là, sans rien de plus qu'auparavant en pensant toujours que malheureusement je t'aime.

J'ai veillé dans l'espoir d'une présence qui soit : toi. Et tu es là, bien présent dans mon esprit qui te recrée de toutes pièces.

Je fuis les regards qui parfois m'intiment seulement de me tourner vers toi. Un regard. Il n'y en a qu'un qui comptera au jugement du cœur. Mais tu n'étais qu'un regard et c'était déjà tellement. Malgré les séquelles annoncées, j'ai continué, dès lors que je ne te connaissais pas.

Désormais, tes lèvres dont je connais l'exactitude profèrent les plus belles insultes de ta haine sans fin.

Désormais, quelle est la distance entre nous ? Elle est de toute évidence bien trop grande, à dix ou même à deux pas, tu es trop loin.

Et pourtant, je te réclame par-delà de ce que tu es vraiment.

Je n'en laisse rien paraître, à quoi bon ?

Toi aussi tu as eu l'impression de faire tourner un monde qui se résumait à nous lorsque nous valsions la Javanaise à en perdre la tête ?

Aux prémices d'un été, nous nous sommes aimés.

Ivre je te l'ai avoué. En ce jour je me suis alarmée, prétendant vivre le jour comme je l'entendais.

Sans attaches, je ne pensais pas souffrir de toi.

Jusqu'à présent, mon amour est constant et je tremble à chaque fois que ta présence engendre mon âme. Mais rien. Plus aucune parole, aucun temps, ne fera que tu reviennes.

La nuit deviendra le royaume de mes souvenirs et inutilement, j'attends, en vain, qu'ils réapparaissent.

Lettre à un amour perdu

Un jour en amour, puis un autre plus rien.

Le néant. Le vide.

Comme si rien n'avait existé, comme si on avait franchi une autre dimension sans s'en rendre compte et échangé nos vies avec d'autres versions de nous-mêmes.

Des versions qui ne s'aiment plus, ou tout du moins qui ne peuvent plus vivre ensemble.

Au final, même les âmes sœurs deviennent des inconnues.

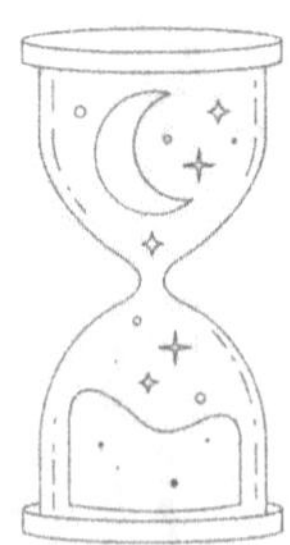

Danser sur l'eau

Nous avons dansé sur l'eau, tournoyé, jusqu'à devenir l'éclaboussure de nos pas. Nous sommes devenus l'eau, le lac, les gouttes, l'infinité… Tout.

Nous avons fusionné.

Un jour, avec toi, je suis devenue une goutte d'eau.

Complète.

Tes mollécules dans les miennes, les miennes dans les tiennes, s'accordaient comme une danse universelle, répétée inlassablement depuis des milliers d'années.

Il fallait juste s'en souvenir.

Car après tout, nous ne sommes que de l'eau et du vide.

Et de l'amour !

Voyage au-dessus de l'univers

Je fais des ballades dans l'univers avec des gens qui ne sont pas sur la Terre.

Ils tiennent des boîtes de verre dans lesquelles un univers complet est contenu.

Dans l'une d'elles, le Nôtre.

Ils sont en cercle, en silence.

Je ne sais si ce sont des hommes ou des femmes.

Je crois que cela ne se discute même pas.

Il n'y a pas de dualité, pas de sexe, pas de blanc ni de noir. Juste des énergies qui s'entremêlent, qui connaissent la grande vérité. L'unicité.

Leurs corps translucides sont composés de mille couleurs et parsemés d'étoiles. Certaines des nuances qui les habitent n'existent pas ici bas.

L'un d'entre eux se tient au centre du cercle, à genoux. Il présente, bras tendus, telle une offrande, une boîte d'univers. La galaxie à l'intérieur du coffret semble s'essouffler, s'éteindre comme une fin. Un projet échoué.

Ce n'est pas notre galaxie, je le ressens, mais un jour ça pourrait.

La boîte s'évapore dans le néant.

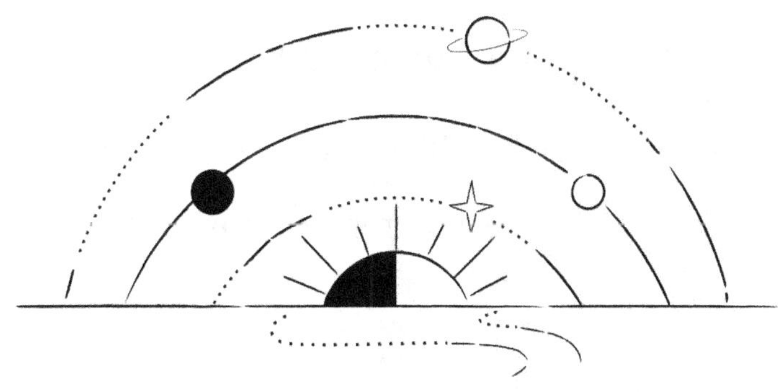

REMERCIEMENTS

Je remercie Éliane pour la correction de ce petit ouvrage qui, je l'espère, ouvrira le bal à la publication de mes deux premiers romans.

Je remercie chaque personne qui a croisé ma route de près comme de loin depuis que je fais l'expérience de cette vie.

Merci à ceux qui sont encore là, à ceux qui sont partis et même ceux qui m'ont brisé. Vous m'avez tous, à votre façon, appris à m'aimer davantage, à me connaître et à m'inspirer certains de ces textes.

Alors merci.

Il n'y a pas de hasard, j'en suis convaincue et même les déceptions apportent leur lot d'apprentissages, de réflexion, de force et de beauté.

Merci à toi lecteur, qui que tu sois, de prendre le temps de me lire. J'espère que ces petits textes te feront voyager, réfléchir… Et n'oublie pas que même les étoiles brillent en hiver, il y a toujours une lumière pour toi.

Merci de faire partie de mon ciel.

Sarah

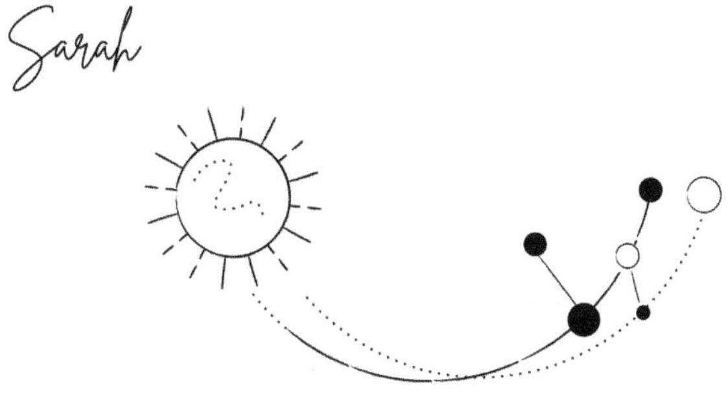

ON SE REJOINT DANS L'UNIVERS ?

Si vous avez aimé votre lecture, laissez-moi un petit mot dans les commentaires Amazon. Cela m'aide beaucoup.

Retrouvez-moi sur les réseaux sociaux pour suivre mon aventure éditoriale :

@sarahjoan_auteure

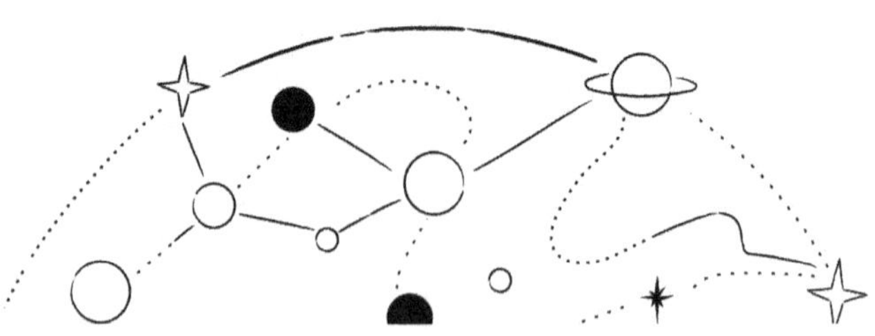